ビジュアル

監修 ◆ 増田美子

著 ◆ 難波知子

③ 明治時代〜現代

日本の服装の歴史

ゆまに書房

もくじ

I ヨーロッパ・アメリカの洋服をお手本に　4

1◆新しい国づくりは洋服で　4
2◆文明開化の風俗　9
3◆モデルは天皇・皇后のファッション　11
4◆洋服を着て踊った女性たち　13

II 変化する和服　16

1◆和服の欠点とは　16
2◆いいとこどりの改良服　17
3◆新しい和服の着こなし　19

III 学校制服の誕生　22

1◆エリートのシンボル　22
2◆女学生あこがれの袴とセーラー服　24
3◆小学生にまで普及した学生服　28

| Ⅳ | 科学的、合理的に生活改善しよう | 30 |

1◆これまでの衣生活を見直そう　30
2◆子ども服から洋服へ　32
3◆サラリーマンと職業婦人　35

| Ⅴ | 戦争によって制限された衣生活 | 38 |

1◆国民服の制定　38
2◆合成繊維の開発とスフ　40
3◆衣服を買うための切符　41

| Ⅵ | 手作りから既製服の購入へ | 44 |

1◆洋裁ブームの到来　44
2◆世界から伝わる最新の流行情報と日本人デザイナーの活躍　46
3◆便利な化学繊維　50
4◆既製服の浸透　51
5◆グローバル化と伝統・アイデンティティ　52

I ヨーロッパ・アメリカの洋服をお手本に

【1】新しい国づくりは洋服で

　明治時代は、ヨーロッパやアメリカの進んだ技術・文化を取り入れて、国の政治や社会のあり方を大きく変えていった時代です。江戸時代には鎖国の政策がとられていましたが、嘉永6年（1853年）にアメリカ人のペリーがひきいる黒船が神奈川県の浦賀にやってきてから、世界の国ぐにと条約を結び、開国していきます。黒船をはじめて見た日本人は、もくもくと蒸気をあげる大きな船におどろき、おそれ、海の向こうの国ぐにの進んだ文明を学びはじめます。

　服装についても、ヨーロッパやアメリカの洋服を取り入れていきます。最初に洋服を取り入れたのは、軍隊の着る軍服です。ほかの国ぐにと戦争になったとき、すぐに戦えるように、まず軍隊を整備しなければなりませんでした。その軍隊では、素早く体を動かすことのできる機能的な洋服が適していました。幕末から各藩がそれぞれ洋服の軍服を導入しましたが、維新後の明治3年（1870年）に

●岩倉具視らの遣欧米使節団（明治4～6年）
（徳富猪一郎『岩倉具視公』昭和7年　国立国会図書館デジタルコレクション）

●大礼服（明治6年）
（『大久保利通文書 第9』昭和4年
国立国会図書館デジタルコレクション）

●郵便配達人の服装の変化
(『風俗画報』386号　明治40年8月)

●鉄道員の制服
(復元品　株式会社トンボ〈トンボ学生服〉蔵)

は国の軍隊が組織され、フランスにならった陸軍の軍服と、イギリスにならった海軍の軍服が定められます（6〜7ページ）。

ところで、幕末に日本が各国と結んだ条約は、日本が法律的にも経済的にも不利となる条件を含んでいました。そうした不平等条約を改正するために、岩倉具視らは海を渡り、アメリカやヨーロッパの国ぐにと交渉をします。こうした国際的な交渉の場面では、西洋式の洋服を着用することが、対等な関係を築くうえで重要と考えられました。そこで、明治5年（1872年）に大礼服（重要な儀式の時に着る服）の制度を設け、国を代表するリーダーや政治家たちは、公の場での正式な服装として洋服を着用することに決めます。

海軍の軍服

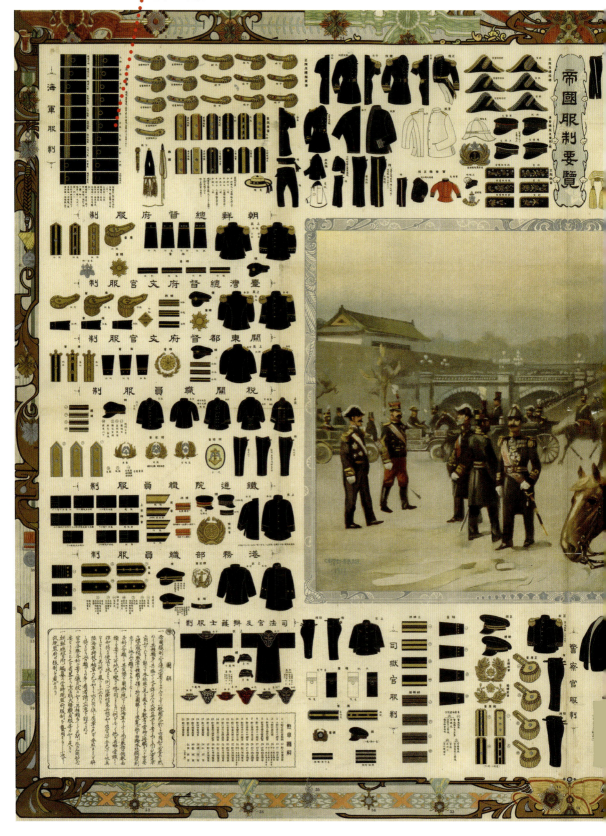

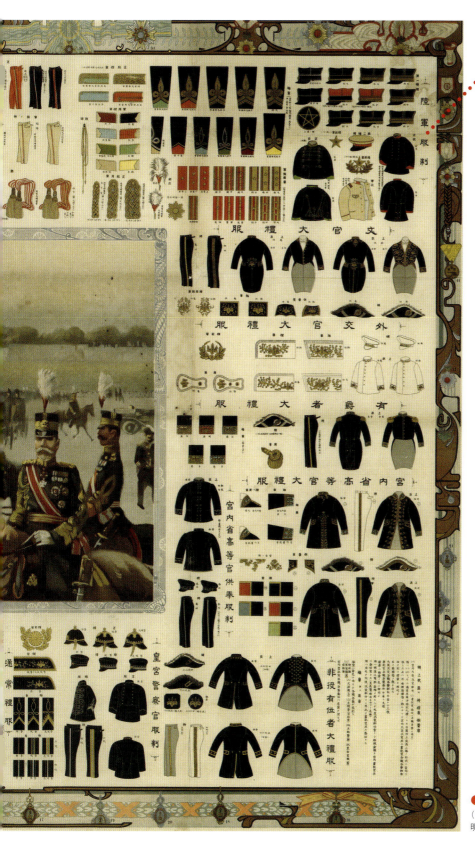

陸軍の軍服

●明治政府が定めた制服
(「帝国服制要覧」大阪毎日新聞 明治44年1月1日附録　個人蔵)

新しい政府は、強い国づくりを目指して、つぎつぎと社会の制度や組織を整えていきます。とくに国民を教育する「学校」は、国づくりをすすめるうえでとても重要でした。その他にも、情報伝達の基盤となる「郵便」、人や物の移動のための「鉄道」、社会の秩序を守る「警察」（当時の警察官は「邏卒」と呼ばれました）などが整備されます。いま私たちが当たり前に知っているこれらの仕組みは、明治時代からつくられてきたのです。新しくできた機関ではたらく人びとは、外見で職業がわかるように洋服のユニフォームを着用しました。

　このように、明治時代の日本はヨーロッパやアメリカをお手本に洋服を取り入れましたが、その一方で、それまでお手本にしていた中国由来の儀礼服や江戸時代の支配者であった武家の装束（直垂・狩衣・裃など）を廃止します。逆に、国の中心となる天皇の伝統的な儀礼服として伝わってきた束帯や皇后の唐衣裳装束など公家の装束は残していきます。洋服の導入とともに、昔から伝わる服装のなかでも廃止されたもの、残されたものがあったのです。こうした新旧服装の取捨選択には、ヨーロッパやアメリカに負けない、強い国づくりの方針が託されました。

● 邏卒（『警察官服装変遷図』 山添輝一　警視庁蔵）

● 警視の正衣
（明治7年7月11日～明治41年2月3日　警視庁蔵）

● 明治天皇の束帯姿
（提供：宮内庁）

2 文明開化の風俗

　開国後の日本には、世界からさまざまな物や情報がもたらされました。東京の銀座などには、日本で最初に西洋風のれんがづくりの建物がたてられ、ガス灯が通りを照らしだしました。また牛肉を食べるお店ができたのも、ビールを飲むようになったのもこのころからです。海の向こうからもたらされる新しい文化に、人びとは興味津々だったことでしょう。しかし洋服は当時とても高価なものだったため、庶民は着ることができませんでした。その代わりにシャツや帽子、こうもり傘（西洋傘）、懐中時計などの西洋小物をきものと組み合わせて身につける人がみられました。

　また、文明開化のころから、男性の髪型が変わっていきます。それまで男性はちょんまげを結っていましたが、それを切り落とすよう政府は奨励します。なぜなら、ちょんまげはヨーロッパやアメリカの人びとの眼に、文明の進んでいない劣った国の風俗にうつったからです。日本を文明国にするために、外国

●西洋小物をもつ男性
（仮名垣魯文『安愚楽鍋』　明治4〜5年　国立国会図書館デジタルライブラリー）

●銀座れんが街
（『東京第弐名所銀坐通煉瓦石之図』歌川広重（3世）　明治10〜11年　東京都立中央図書館特別文庫室蔵）

9

人からみて野蛮だと思われる髪型や生活習慣、例えば、脚や胸などの肌を出すことを禁止し、違反者を取り締まっていきました。これも日本がヨーロッパやアメリカの国ぐにと対等な関係を結ぶためでした。

ちょんまげを切り落した、西洋風の男性の髪型は「ざんぎり頭」と呼ばれました。洋服にくらべて、髪を切ることはそれほどお金がかからなかったので、この新しい髪型は庶民にもおこなわれていきました。当時、「ざんぎり頭を叩いてみれば文明開化の音がする」という流行り歌（都都逸）がありましたが、ざんぎり頭が開化の風俗として人びとに捉えられていたことがわかります。一方、女性が髪を切ることは禁止されました。

●「婦人にて謂（ワケ）なく断髪（カミヲキル）する者」
(『京都府違式註違条例図解』明治9年　国立国会図書館デジタルライブラリー)

●ざんぎり頭
(「昔の髪結床、今の理髪床」『風俗画報』18号　明治23年7月)

③ モデルは天皇・皇后のファッション

　明治政府は、新しい国づくりを進めるうえで、天皇と皇后を中心的存在として据えました。それまでの天皇や皇后は御簾の奥にいて、決して顔や姿を見せたりしませんでしたが、明治天皇・昭憲皇太后は国民の前に積極的に登場したり、外国の使節と謁見したりしました。国の中心的存在とされた天皇や皇后は、洋服を率先して着用し、国民の模範となる姿をすることが求められていきます。

　明治6年（1873年）に撮影された写真では、明治天皇は散髪し、洋服の軍服を着用した姿でうつっています。この軍服は、ヨーロッパ各国の皇帝の軍服を調査してデザインされました。上着の表面には、皇室の紋章である菊をかたどった金モール刺繍や金ボタンがつけられています。

　明治天皇が軍服の洋服を着たころ、皇后は「袿袴」と呼ばれる伝統的な装束を着ていました。皇后が洋服を着るようになるのは、もう10数年ほど後のことになります。この当時、皇后は率先してお歯黒（歯を黒く染めること）をやめます。明治時代以前の女性の化粧法として、眉剃りとお歯黒がおこなわれていましたが、この化粧法は外国人の眼からみて、とても気味がわるいものにうつりました。そこで明治政府は、眉剃りとお歯黒の禁止令をだしたのですが、長い間おこなわれてきた風習をすぐにやめさせることは容易ではありませんでした。皇后みずからが率先してやめることで、国民に影響を与えようとしたのです。

● 明治天皇の軍服姿（提供：宮内庁）

● 昭憲皇太后の袿袴姿（提供：宮内庁）

皇后が洋服を着用するようになるのは、明治19年（1886年）からです。前年に内閣という政治の仕組みができ、初代総理大臣に伊藤博文が就任しました。伊藤は外国と対等な関係をむすぶため、男性だけでなく女性も洋服を着ることを強くのぞんでいました。そして、明治22年（1889年）の大日本帝国憲法発布の記念式典には、皇后をはじめとする女性たちも洋服を着て参列します。憲法の制定は、日本が文明的な国になったことを世界にアピールするよい機会でした。この式典において、皇后は日本女性を代表して華やかな洋服を着用し、式典をいろどったのです。

●明治天皇
（『明治天皇像』松岡映丘　昭和9年　お茶の水女子大学蔵）

●昭憲皇太后
（『昭憲皇太后像』矢澤弦月　昭和9年　お茶の水女子大学蔵）

●憲法発布式
（『憲法発布式』和田英作　昭和11年
聖徳記念絵画館蔵）

④ 洋服を着て踊った女性たち

　これまでも述べてきたように、明治政府はヨーロッパやアメリカの国ぐにと対等な関係を取り結ぶために、制度や文化などあらゆる方面で西洋風を取り入れました。また、野蛮だとみなされる日本の風習をやめさせるなど、さまざまな努力をしてきました。

　明治16年（1883年）には、「鹿鳴館」という西洋風の建物をたて、欧米諸国でおこなわれているバザーや音楽会、夜会などを開催して、どんどん西洋化を進めていきます。とくに夜におこなわれる夜会では、男女がペアになって参加することがマナーでした。夜会に参加する女性たちは、洋服を着ることが奨励されました。そのために、高価なドレスをつくってもらい、髪型から靴、アクセサリーや持ち物に至るまで、すべて西洋風のスタイルにととのえました。

　さらに女性たちは洋服を着て、華やかな音楽を背景に、ダンスを踊りました。ダンスもまた西洋の社交マナーとして、紳士淑女が身につけるべき教養だったのです。女性たちは一生けんめい努力をして夜会に参加しましたが、参加者の外国人からは「猿まね」と批判されることがありました。うわべだけをまねている、と受けとられたからです。たしかに、この時代の日本人の女性はまだ洋服をうまく着こなせていなかったといえるかもしれません。

　女性の洋服は、鹿鳴館ができたころから上流階級の人びとの間で着用されはじめ、明

●鹿鳴館でのダンス（『貴顕舞踏の略図』　楊洲周延　博物館明治村蔵）

治19年（1886年）には、皇后や女性皇族の正式な服装が袿袴から洋服へと変わります。庶民が洋服を着るようになるのは、まだまだ先のことになりますが、洋服よりもひとあし先に、西洋風の髪型がひろまっていきました。この新しい髪型は「束髪」とよばれ、和服にも合わせて結われました。それまでの日本髪は重く、また一度結うと、風呂に入る時も寝る時も髪型がくずれないように気を配る必要がありました。それに対し、束髪は軽快で、毎晩髪をほどいて寝て、朝起きると結う健康的で便利なスタイルでした。このように、明治時代には洋服だけでなく、髪型にも西洋風が取り入れられ、ファッションに対する人びとの価値観や生活様式が変わりはじめます。

● ドレス姿の女性
（バッスル・スタイルの井上馨夫人武子　明治18年頃
提供：影山智洋氏）

● 昭憲皇太后の大礼服
（明治20年代後半
文化学園服飾博物館蔵）

● 鹿鳴館（提供：一般社団法人日本建築学会図書館）

● 風刺画「社交界に出入りする紳士淑女」
（清水勲編『ビゴー「トバエ」全素描集』岩波書店　2017年）

● 束髪（『束髪図解』 佐々木豊吉　明治20年　一関市博物館蔵）

15

II 変化する和服

【1】 和服の欠点とは

　さて、明治時代から洋服が少しずつ日本人に着られるようになっていきますが、その影響を受けて和服にも変化があらわれてきます。明治のはじめごろは、洋服が文明的なすぐれた衣服とされたのに対して、和服はおくれた国の劣った衣服との考えがみられました。しかしこの考えは、どちらかといえば、外交問題にとりくむ政治家たちのものでした。庶民は、洋服にあこがれはあっても、自分たちが毎日着ている和服を野蛮だとか、劣っているとは思わなかったでしょう。

　では、和服のどのような点が劣っているとされたのでしょうか。まず一つは、和服には洋服に比べて動きにくいところがありました。洋服は人間のからだにぴったり合わせたかたちをしていますが、和服は袖や裾が長くつくられていて、腕や脚が動かしにくいかたちをしていました。もう一つ、和服を着るためには、ひもや帯でおなかの部分をしめる必要があります。これらのひもや帯による圧迫が、健康に悪いといわれたのです。おなかをしめつけると、内臓のはたらきが悪くなるからです。ところが、実はこの時代の女性の洋服にも大きな欠点がありました。それはコルセットという下着で、おなかのくびれ（ウエスト）をしめつけ、腰を細くみせるドレスの着方です。この細い腰が女性のうつくしさをあらわすとされていました。しかしこのコルセットは当然、健康に悪いものでした。当時のヨーロッパやアメリカでも、コルセットのもたらす弊害が議論されています。このように文明的とされた洋服にも欠点があり、日本では洋服と和服の欠点をとりのぞいた、新しい衣服のアイデアが提案されていくようになります。

●コルセット
（古賀令子『コルセットの文化史』　青弓社　2004年）

２ いいとこどりの改良服

　洋服と和服の欠点をなくそうとした新しい衣服は、「改良服」とよばれました。改良服のアイデアは、からだのことをよく知っている医師や衣服のつくり方にくわしい裁縫の先生、美的なセンスをもっている画家などによって、さまざまに生みだされます。

　医師の山根正次は、動きやすくて、からだをしめつけない改良服を考えました。洋服のように、和服を上着とズボン・スカートの上下にわけ、ひもの代わりにボタンをつけて衣服をとめるようにデザインしました。

　女学校で裁縫の先生をしていた渡辺辰五郎も、きものに袴を合わせた上下にわかれる改良服を考案しました。和服の長い袖を筒袖（筒のようなかたちの袖）にし、女性にも着てもらえるように袖口にフリルをつけています。

● 和服のかたち

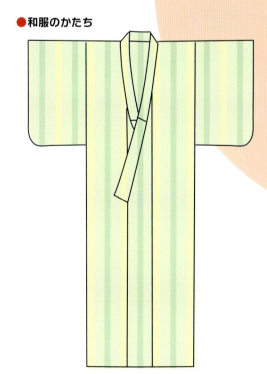

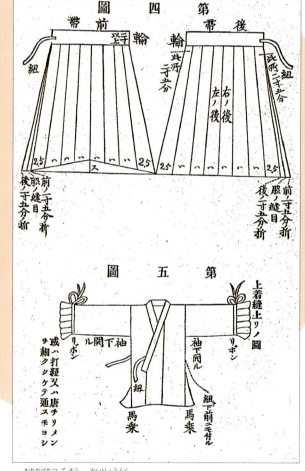

● 渡辺辰五郎の改良服
（渡辺辰五郎『婦人改良服裁縫指南』明治36年　国立国会図書館デジタルコレクション）

美術家の梶田半古は、中国や韓国など東アジアの服装デザインを参考にした改良服を考えました。韓国のチマチョゴリに似ているようなデザインです。
　梶田のように、改良服を考えるとき、外国の衣服や昔の日本で着られていたものがアイデアのもとになりました。世界中、そして歴史上のいろいろな服装を調べ、そのいいところを組み合わせて、新しくデザインをしたわけです。そうしてできあがった改良服は、動きやすくて、健康にもよく、経済的でお金もかからず、日本人に似合う美しいものとなるはずでした。

　しかし残念なことに、これら多くの改良服はひろまっていきません。アイデアはどれもすばらしかったのでしょうが、みんながそれを着てみたいと思うような魅力には欠けていたようです。どのようなデザインの服装が人びとの心をつかむのかは、とてもむずかしい問題なのです。それにいくら動きにくくて、健康に悪いところがあるとしても、長い年月なれ親しんだ和服には愛着があり、その美しさをかんたんに捨てさってしまうことはできなかったのでしょう。合理的な判断と美や文化・伝統に対する意識は、ときに相反することがあるのです。

● 山根正次の改良服
（山根正次『改良服図説』明治35年　国立国会図書館デジタルコレクション）

● 梶田半古の改良服
（『女学世界』1巻9号　明治34年1月）

３ 新しい和服の着こなし

　洋服という新しい文化が入ってきたことによって、日本人は衣服のかたちだけでなく、衣服をつくる素材や生地をまなび、それをたくみに和服へと応用していきます。洋服の生地には主に毛おりものが使用されますが、これはもともと日本ではつくられていませんでした。毛おりものをつくるためには、材料となる羊の飼育やかりとった羊毛を糸や布にする技術が必要です。これらの技術は、明治時代になってヨーロッパから導入されましたが、それまではできあがった毛おりものを輸入するしかありませんでした。

　毛おりものは、日本に古くからあった麻や絹、江戸時代に普及した綿を使ったおりものとくらべると、とてもあたたかいことが特徴です。そこで、和服に合わせて着る、毛お

●明治時代の毛おりもの工場のようす
(「品川毛織株式会社」『日本画報』25号　明治38年6月　復刻版　ゆまに書房)

りものでできた外套（コート）が考えられ、呉服屋（後の百貨店）で売りだされました。男性用の和装用コートは「二重廻し」とよばれ、スコットランド発祥のインバネスコートが改良されたものでした。そのかたちは、袖なしのコートにケープを付けたデザインです。和服の袖は丈が長く、洋服のコートの袖を通すことはむずかしいですが、二重廻しは袖がないため、和服でも不都合なく着ることができました。

また女性用の毛おりものの和装外套としては、「吾妻コート」が売り出され、とても人気を博しました。和服のうえから羽織ることができるように、袖の部分は長くつくられています。はじめは毛おりものでつくられましたが、その後、絹おりものでつくられるようになります。もともと日本には羽織という外套がありましたが、江戸時代には女性が着ることは禁止されていました。羽織は男性の衣服だったからです。しかし江戸後期には一般の女性にも着用が広まっていきます。このほか、女性の防寒具としては、西洋風のショール（肩掛け）も流行しています。

毛おりものの生地で新しくつくられた和

●二重廻し
（『風俗画報』
上：262 号　明治 36 年 1 月
下：307 号　明治 38 年 1 月）

●吾妻コート
（『風俗画報』307 号　明治 38 年 1 月）

服に、女学生の袴もあります。詳しくは後で述べますが、女性用の袴が考えだされたのも、明治時代のことです。羽織と同じく、江戸時代に袴は男性の衣服とされ、一般的な女性が袴を身につけることはありませんでした。明治20年代から、女学生の制服として袴が着用されます。この女学生の袴の生地にも、毛おりものが用いられました。このように、輸入された毛おりものを使った和服が売り出されたり、ショールやこうもり傘（西洋傘）などの西洋小物を和服に組み合わせたり、和服の新しいアイテムや着こなしもどんどん開発されていきます。和服は江戸時代以前のそのままの姿で伝わってきているのではなく、新しい文化の影響を受け、変化しているのです。

●さまざまなショール
（『風俗画報』307号　明治38年1月）

●女学生の袴
（「明治三十五年頃の通学服」　坂内青嵐　昭和9年頃
お茶の水女子大学蔵）

Ⅲ 学校制服の誕生

【1】エリートのシンボル

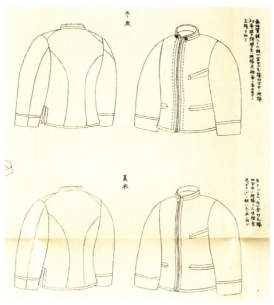

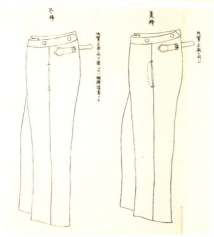

●学習院の制服
(「学生制服図」『学習院一覧』 明治30〜31年
学習院アーカイブズ蔵)

みなさんがよく知っている学校制服も、明治時代に生まれました。東京にある学習院という学校では、明治12年(1879年)に男子用の制服として詰襟学生服が定められました。また明治19年(1886年)には、いまの東京大学にあたる帝国大学でも、男子の制服が制定されます。こうしたエリートの通う学校で、新しい教育を受け、卒業後は国や社会のリーダーとしてはたらく人びとによって、学校制服は着られはじめます。

ところで、学習院と帝国大学の制服のかたちは少し違います。学習院は上着の前合わせの部分がホック留めになっているのに対し、帝国大学はボタン留めになっています。ホック留めは海軍の軍服に、ボタン留めは陸軍の軍服にならっています。このように男子の学校制服のかたちは、軍服とよく似ています(6〜7ページ)。

さらに、男子の学校制服の大きな特徴は帽子にあります。帝国大学の学生は、「角帽」という帽子をかぶりました。角帽は、帽子の上部が四角いかたちをしています。この四角い帽子は大学生を象徴するかぶりものでした。昔の中学校や高等学校にかよう男子生徒

は、帽子の上部が丸い「丸帽」をかぶりました。男子の学校制服は、とりわけ帽子のかたちや帽章（帽子の正面につけられた校章）によって、どの学校の学生・生徒かを見分けることができました。つまり制服とは、それを身につける人がどのような職業や身分なのかを、言葉で語らなくてもあらわすことのできる記号となるのです。

●角帽
（「東京帝国大学の制服帽姿の藤麿王」学習院大学史料館蔵　勧修寺寄託）

●丸帽
（「学習院高等科時代の藤麿王」　学習院大学史料館蔵　勧修寺寄託）

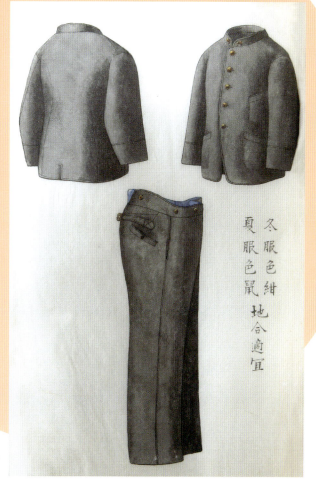

●帝国大学の制服
（「学生及選科生服制ノ義伺」『文部省准允 自明治十九年至明治二十年』　東京大学文書館蔵）

【2】女学生あこがれの袴とセーラー服

　さて、男子の学校制服がはじめから洋服であったのに対し、女子の学校制服は和服からはじまります。一部の女学校では、鹿鳴館ができたころ、明治政府の欧化政策に合わせて洋服の制服を着たところもありましたが、この洋服が女学生をあらわす特別な服装にはなりませんでした。

　女学生をあらわす服装としてひろまったのは、「袴」です。先ほど、明治時代になって女性用の袴が考案され、毛おりものを使ってつくられたことを述べました。女性用に考えられた袴は、男性の袴と区別するために、見た目にも構造上にもはっきりとした違いがあります。まず、袴のかたちについては、男性

●鹿鳴館時代の女学生
(「小学師範科卒業写真」明治19年7月 お茶の水女子大学蔵)

●男性用の袴　　　　　　　　●女性用の袴

(ホームページ「きものトコモノ」より転載　http://www.kimonotokomono.com)

用の袴がズボン状であるのに対し、女性用の袴はスカート状です。左右の脚の間が仕切られているかどうかの違いです。それから、男性用の袴は仙台平などの縞柄の絹おりものが用いられましたが、女性用には海老茶や紫色の無地の毛おりものが用いられます。袴に用いられる生地や柄・色などによって、男女の区別がつけられるようになりました。なぜかというと、明治のはじめごろ、女学生が男性用の袴をはいて学校に通った時期があったのですが、女性が男性の衣服を着ることに対して、周囲の反ぱつがあったからです。衣服によって男女の区別をつけることは、とても重要なことだと考えられていました。そのため、女性用の袴が考えだされ、男性とははっきりとした違いがつけられることになったのです。

こうした女性用の袴が女学生のあいだにひろまっていった理由は、大きく二つあります。一つは、女学校でおこなわれる体育の授業で、しっかりとからだを動かせるように、袴をはくようになったことです。この背景には、明治27年（1894年）に起きた日清戦争があります。戦争には勝ったものの、このときに問題になったのが、日本人兵士のからだが弱く、戦争で多くの病死者を出したこ

●お茶の水高等女学校の運動会（『風俗画報』279号　明治36年12月）

とでした。そこで、将来健康な兵士や国民となる赤ちゃんを産む強い女性を育むため、女学校で体育がおこなわれます。しかし、きものに帯の格好で跳んだりはねたりすると、きものの裾からふくらはぎやふとももが見えてしまう心配がありました。このことが気になって、はげしい運動ができなかったのです。腰から下をおおう袴をはくと、走りまわってテニスをしたり、自転車に乗ったりしても、脚がみえることを気にする必要がなくなり、活発に運動できるようになりました。

もう一つの理由は、女学生たちが袴を着てみたいというあこがれの気持ちをもっていたことです。もともと袴は男性の衣服でしたが、例外として皇后や皇族女性など、高貴な身分の女性たちが身につけていました。女学生たちは、宮中にゆかりのある女性のファッションにあこがれ、自分たちもそれを身につけてみたかったのです。

明治時代の後半から大正時代まで、女子の学校制服はきものに袴でした。女学生に人気のあった袴の色は、「海老茶」というえん

●きものの女学生
(「明治三十年頃の通学服」 坂内青嵐
昭和9年頃　お茶の水女子大学蔵)

●皇后・女官の緋袴
(『初雁の御歌』 鏑木清方　聖徳記念絵画館蔵)

じ色に近い赤です。そのことから、女学生は「海老茶式部」というあだ名がつけられます。また女子の場合、袴につけられたバンドやラインによって、どこの学校の生徒であるかを表していました。大正時代の終わりごろになると、だんだんと洋服に変わっていきます。とくにセーラー服が人気となり、女学生の新しい学校制服となっていきます。

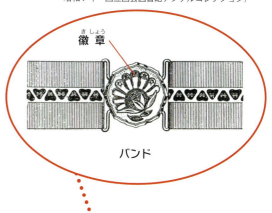

(『創立五十年』東京女子高等師範学校附属高等女学校 昭和7年 国立国会図書館デジタルコレクション)

徽章

バンド

● きものに袴の女学生
(「大正元年頃の通学服」 坂内青嵐 昭和9年頃 お茶の水女子大学蔵)

● セーラー服の女学生
(「昭和七年以降の通学服」 坂内青嵐 昭和9年頃 お茶の水女子大学蔵)

27

③ 小学生にまで普及した学生服

　学校制服が誕生したころは、エリートの学生しか洋服の制服を着ることができませんでしたが、時代がくだるにつれ、だんだんと小学生にまで学生服やセーラー服が普及していきます。小学校には、経済的に豊かな人も貧しい人もみんな通わなければなりませんでした。とくに貧しい家庭では、制服を買うほどのよゆうがなかったはずです。そういった経済的な問題を考慮して、小学校ではみんなが同じ制服を着るというルールは定められませんでした。ところが、大正時代の終わりごろから、既製の学生服がたくさんつくられるようになると、やすく販売され、それほど裕福でない家庭でもこれを買うことができるようになりました。

　学生服をたくさん生産したのは、岡山県の児島という地域です。もともと足袋をつくっていましたが、大正時代の終わりごろから、綿おりものでできた学生服の生産をはじめます。男子向けの学生服の夏服には霜降り、冬服には黒の小倉おりという生地が使われました。ある会社では、工場にミシンが500台設置され、そこでは750人がはたらき、1日に6700着もの学生服がつくられました。1年間では200万着にもおよびます。この地域にはほかにも工場や会社があったので、

●**小学校の卒業写真**（岡山市伊島尋常高等小学校　昭和15年　個人蔵）

●**学生服の広告**
（「営業品目」『営業案内』　昭和10年代　日本被服株式会社蔵）

全体では1000万着を超える大量の学生服が生産されました。1000万着という数字は、昭和10年（1935年）当時の日本全体の小学生の人数に値します。日本全国の小学生が学生服を着られるほど、たくさんの商品がでまわったということです。学生服がたくさんの人に着られるようになったのは、このような大量の商品生産がおこなわれていたからです。

●黒小倉
（個人蔵）

●霜降り
（個人蔵）

●学生服をつくる工場のようす（「裁縫工場」『営業案内』 昭和10年代　日本被服株式会社蔵）

Ⅳ 科学的、合理的に生活改善しよう

1 これまでの衣生活を見直そう

　明治時代に洋服がはいってきて、正式な場面や特別な職業の人びとによって着られ、しだいにひろまっていきましたが、その一方で和服も着用されつづけます。これまでにも述べてきたように、洋服文化の影響を受けて新しい和服が考えだされたり、和服に西洋小物を取り合わせたりなど、さまざまな衣服や着こなしが生まれてきました。また、男性の中には、洋服は家のそとでの仕事着として着用し、和服は家のなかでのくつろぎ着として着用する人も多くいました。

　ところが大正時代になると、洋服と和服の両方をもつことはむだが多いことだと問題になります。例えば、冬服や夏服、下着、被りもの、履きものなど、それぞれに洋服用と和服用を用意しなければなりません。また洋服と和服では洗濯方法も異なります。丸洗いする洋服に対し、和服は縫い目をほどき、布の状態にして洗います。これを洗い張りといいます。ほかに、たたみかたや収納のしかたも、洋服と和服では別べつにする必要がありました。衣服の種類や枚数、さらにはそれらの取りあつかいも二倍、二重になるわけです。このような問題は衣服だけでなく、住まいや社交儀礼など生活全般にみられました。これら和と洋の「二重生活」の問題を

●洗い張りをする女性たち（明治時代中期）
（長崎大学附属図書館蔵）

●和室での洋服収納の工夫
（『中流和洋住宅集』昭和4年 『コレクション・モダン都市文化78 生活空間』 復刻版　ゆまに書房）

解決して、むだのない合理的な生活をいとなむことが、大正時代にはめざされていきます。衣服については、洋服への一本化が主張されました。

こうした問題がでてきた背景には、大正3年（1914年）にヨーロッパではじまった第一次世界大戦の影響があります。この戦争では、毒ガスや飛行機などの科学技術を応用した兵器が使用され、それまでのどの戦争よりも大きな被害をもたらしました。科学の知識や技術が、戦争の勝ち負けや国の強さに大きく影響してくることになったのです。もう一つ、この戦争中ヨーロッパでは男性兵士だけでなく、女性を含む全国民が一致団結して戦争に協力するようになります。女性たちは兵器づくりに協力したり、それまで男性がになっていた職業についたり、積極的にはたらきました。このようなヨーロッパの情勢は日本にも伝わり、今後の国づくりに科学技術や女性の協力が必要なことが理解され、さまざまな政策が取り組まれていきます。

また、この第一次世界大戦の影響で、日本ではものの値段があがり、インフレーションとよばれる経済現象がおこります。人びとの生活は苦しくなり、政府は国民に向けて節約や副業を奨励したり、いままでむだの多かった生活を見直したりするようにすすめます。先ほど述べた和と洋の二重生活の見直しも、インフレへの対応と科学的な知識にもとづいた生活の合理化という背景のもとでおこなわれていきます。

●女性警察官（イギリス）
（『婦人問題』2巻1号　大正8年1月）

●兵器づくり（フランス）
（臨時軍事調査委員編纂『欧州戦と交戦各国婦人』
大正6年　国立国会図書館デジタルコレクション）

●防毒マスクづくり（イギリス）
（臨時軍事調査委員編纂『欧州戦と交戦各国婦人』
大正6年　国立国会図書館デジタルコレクション）

② 子ども服から洋服へ

節約や生活の合理化に関する国民への教育は、生徒向けには学校の授業で、大人向けには展覧会の開催などを通じておこなわれました。大正7年（1918年）におこなわれた「家事科学展覧会」では、人びとに生活に関する科学の知識を伝えることがいろいろ試みられました。今まで習慣的におこなってきた家事を見直し、科学的な方法をまなんで便利でむだのない生活がめざされたのです。

この展覧会では、和服と洋服を比べ、どちらが経済的かを調べた研究が発表されました。これをみると、必要な衣服にかかる合計金額は洋服の方がやすく、仕立てにかかる時間も洋服の方が短いという結果となっています。つまり、和服にくらべ、洋服の方が経済的であるというわけです。この研究は、小学校の7〜8歳の女子の事例であって、全体にあてはまる傾向とは必ずしもいえません

が、この結果をみた人は「洋服が経済的だ」と判断したことでしょう。このように展覧会では、洋服をすすめる内容が数多くしめされました。

大正9年（1920年）には「生活改善同盟会」が結成され、衣服から食事、住宅、社交儀礼にいたるまで生活全般を見直す運動が展開されていきます。「生活改善運動」といわれました。とくに衣服については、専門の委員会で調査がおこなわれ、からだの成長過程にある子どもから洋服着用を積極的にすすめる方針が決められます。このような風潮を受け、女学校では子ども服の研究がおこなわれたり、新聞や雑誌には洋服の子ども服のつくりかたが紹介されたりしました。母親ややがて母親になる女学生に、子どもの洋服づくりが求められました。現代のように、何でもお店で買える時代ではなかったので、洋

◇表1　和服と洋服の経済比較（7〜8歳女子児童のばあい）

和　服	洋　服
単衣（裏なしのきもの・夏向き）…4枚	夏服…………………………2着
袷（裏つきのきもの・冬向き）……1枚	冬服…………………………2着
綿入……………………………………2枚	前掛け………………………3組
羽織……………………………………2枚	夏下着………………………2組
帯………………………………………1筋	冬下着………………………2組
袴………………………………………1着	アンダーシャツ・ズロース……2組
雨合羽…………………………………1枚	
長襦袢…………………………………2枚	
肌襦袢…………………………………3枚	
腰巻……………………………………4枚	
シャツ・股引…………………………2組	

● 合計金額：和服　68円　　洋服　33円

● 仕立て時間：和服　64時間　　洋服　44時間

（『新家庭』3巻12号〈大正7年12月〉38〜41頁を基に作成。小数点以下は四捨五入。）

服を着るためには、家庭で下着までも手づくりしなければなりませんでした。

このころから、小学校の男女児童に洋服がひろまっていきます。それまでは、男子も女子もきものに袴をはいたり、袴が手にはいらない児童は前掛けをつけたりして学校に通っていました。前にも述べたとおり、小学校児童の家庭には経済的な格差があったため、全員が同じ制服を着るルールはありませんでした。生活にゆとりのある家庭の児童から、洋服の着用はすすんでいきます。

●小学生の袴（中央）と前掛け
(『閉校記念誌』 岡山県影石小学校 1999年)

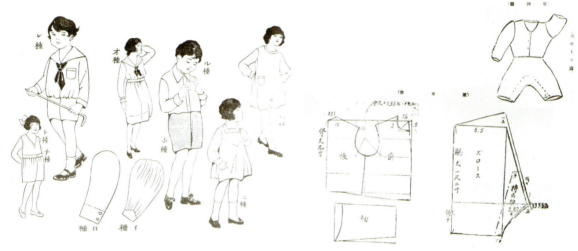

●子どもの洋服と下着のつくりかた
(左：上田泰嗣『上田式家庭用児童服自由裁断型』大正10年　右：東京市小学校裁縫研究会編『時代の要求に適応せる児童服の新研究』大正11年　国立国会図書館デジタルコレクション)

●さまざまな服装の小学生
(京都市一橋尋常小学校　大正15年　個人蔵)

33

同じころ、女学生も洋服へと変わっていきます。まず体操服として、洋服が着用されました。袴よりも洋服の方が動きやすいからです。衣服が変わることによって、女学生ができる運動種目も増え、さまざまなスポーツの大会もおこなわれていきました。やがて通学服にも洋服が取り入れられ、制服として定められていきます。

　大正12年（1923年）9月1日に発生した関東大震災は、首都を壊滅させる大きな被害をもたらしました。このとき、和服を着ていた人びとが逃げおくれ、命をおとしたことから、活動性のすぐれた洋服の着用がさらにすすめられていきます。また都市や住宅の復興では、昔ながらの建物が取り壊され、近代的なビルディングや洋風住宅が建設されました。建物や住まいが洋風に変化することによって、洋服での生活がより便利になりました。このように、日常的に着る衣服は、さまざまな経験や運動を通して、和服から洋服へと移りかわっていきます。

●洋服を取り入れた山脇高等女学校の制服
（大正8年）（毎日フォトバンク）

●女学生の運動服
（『新家庭』3巻12号　大正7年12月）

●野球部のユニフォーム
（宮城県仙台二華高等学校蔵　宮城県第二女子高等学校『二女高の90年』　1994年）

34

3 サラリーマンと職業婦人

　さて次に、大正時代のはたらく大人のファッションをみていきましょう。まず、男性のサラリーマンです。大正時代になると、会社づとめのサラリーマンのあいだで、背広が共通して着用されます。背広にも流行があり、アメリカ風の細身のスタイルは若い男性に、ゆったりしたイギリス風の背広は年配の男性に着用されました。使用される生地は輸入品が多く、色はねずみや紺、茶など地味な色合いが用いられました。

　大正5年（1916年）ころのあるサラリーマンの1年の洋服代を調べた記事をみると、背広2着、合服1着、夏服2着、外套1着で合計37円がかかるほか、附属品のシャツ、下着、ネクタイ、靴、靴下に18円50銭、さらにクリーニング代が10円30銭かかっています。1年間で65円80銭、ひと月平均で5円48銭です。背広は3～4年に一度新調したようですが、背広を1着仕立てると月給の半分がとんだといわれます。サラリーマンは「洋服細民」とよばれ、高価な背広を着ているものの、給与は少なく、そのために生活が苦しかったようです。

　背広にズボン、シャツにネクタイの組み合わせは、現代のサラリーマンのスタイルとほとんど変わりませんが、大正時代と現代と

●背広を着て帽子をかぶる男性 （提供：三菱地所株式会社）

35

で違うのは、大正時代のサラリーマンは必ず帽子をかぶっていたことでしょう。帽子にも、中折帽やソフト帽、鳥打帽、パナマ帽などいろいろな種類があり、かたちや素材、色などに流行がありました。

一方、女性がつくことのできる職業は限られていました。なぜなら、男性は仕事、女性は家庭という固定的な性別役割分担が当たり前と考えられていたからです。そうした時代でも、女性に向いている職業として、看護師や教師などがありました。大正時代になると、女性がつくことのできる仕事が増え、バスの運賃の集金をする車掌、百貨店の店員、飲食店のウェイトレスなどに女性が採用されていきます。なかでもバスの車掌や百貨店の店員は、洋服の制服を着用しました。彼女たちのユニフォームは、まだ和服が多い女性のなかでめだち、そのかっこよさにあこがれがもたれました。

またこの時代、女性教師は率先して洋服を着用することが求められました。教師は生徒のお手本となり、洋服を着ることをひろめなければならなかったからです。しかし、まだ大人の女性に洋服がひろまっていなかったので、多くの女性教師はとまどったり、悩んだりしました。そこで、女性教師の会では、先生にふさわしい制服をつくって提案しました。このほか、百貨店では、はたらく女性にふさわしい洋服を展示して、売り出しはじめました。大人の女性に洋服がひろまるためには、どのようなデザインの洋服が仕事服としてふさわしいか、その基準をつくり、みんなで共有する必要があったのです。

大正時代のはたらく女性の洋服は、明治時代と比べて飾りが少なく、シンプルなデザインのものとなりました。これはヨーロッパやアメリカで、女性服からコルセットが廃止され、機能的なファッションへと変化し、その流行が日本にも伝わってきたためです。

●看護婦（女性の看護師）の制服
（『風俗画報』346号　明治39年8月）

●バスの女性車掌
（『婦人画報』231号　大正14年1月）

●はたらく女性の洋装
（『アサヒグラフ』13巻12号　昭和4年9月）

●女性教師の制服
（『アサヒグラフ』13巻12号　昭和4年9月）

Ⅴ 戦争によって制限された衣生活

【1】 国民服の制定

　昭和の前期は、昭和6年（1931年）の満州事変から昭和20年（1945年）の第二次世界大戦終結まで、15年にもおよぶ戦争の時代でした。とくに昭和12年（1937年）の日中戦争以降、戦争の影響が人びとの生活にもあらわれてきます。翌年に「国家総動員法」が制定されると、物やお金や人びとの労働すべてが軍事優先とされました。衣服についていえば、軍服をつくるための生地の確保が最優先となり、人びとの生活に必要な衣服は、政府の決めたルールにしたがって入手されるようになります。また、パーマネントが禁止されたり、宝石や高級なきもの・帯などの製造販売も中止されたり、戦争に向けて質素な生活をすることが求められました。

　昭和15年（1940年）には、男性の国民服が制定されます。これは、戦争になったとき、軍服としても着られるよう考えられた衣服です。上着と中衣とズボンから成り、それまでの洋服のベストやシャツやネクタイを省略したほか、儀礼章をつけることで礼服としても着用できました。生地の節約のため、国防色とよばれる軍服と同じカーキ色の生地が使用されます。またデザインは、ベルト付き

●**男性の国民服**
（『同盟グラフ』表紙　左：昭和16年3月号
右：昭和16年6月号　復刻版　ゆまに書房）

の甲号とベルトなしの乙号の二種類が用意されました。

女性には、昭和17年（1942年）に婦人標準服がしめされます。女性の場合は、男性のような軍服としての使用という目的はなく、すでにもっている衣服を活用することが第一に求められました。デザインは洋服型と和服型の二種類がありました。これらに加え、もんぺとよばれるズボンがしめされ、実際にはこのもんぺが多くの女性に着用されます。戦時下においては、活動性がもっとも重視され、女性にもズボン状の衣服が着用されることになったのです。

これら国民服と婦人標準服のデザインを考えるとき、日本風の要素を取り入れることが重視されました。例えば、国民服の中衣にきものの衿のデザインを取り入れたり、婦人標準服に和服型を残したりしています。これは敵国アメリカの洋服文化との差別化をねらい、かつ日本人の精神性をあらわしたいという意図がありました。

●婦人標準服を着用した女性
（『国民服』2巻2号表紙　昭和17年2月　お茶の水女子大学ジェンダー研究所蔵）

●和服型（左）と洋服型（右）
（『国民服』2巻1号　昭和17年1月　お茶の水女子大学ジェンダー研究所蔵）

●制服の上にもんぺをはく女学生
（『同盟グラフ』昭和17年6月号　復刻版　ゆまに書房）

●もんぺ姿で運動会
（「モンペに防火襷で朗らかな隣組運動会」『同盟グラフ』昭和15年12月号　復刻版　ゆまに書房）

39

２　合成繊維の開発とスフ

　長びく戦争の影響により、衣服の材料となる繊維が足りなくなってきます。綿や毛などの天然繊維に代わり、「スフ」（ステープル・ファイバー）とよばれる合成繊維が生産され、衣服の材料に用いられました。このころまでに、人造絹糸（人絹）、のちにレーヨンとよばれる合成繊維がヨーロッパで開発されていました。これは天然繊維の絹を人工的につくりだすことをめざして開発されたものです。絹糸は、1匹の蚕がはきだす1本の長い糸（1200～1300ｍ）を何本も合わせてつくりますが、丈夫で肌ざわりのよい、すぐれた性質をもった繊維でした。しかし、天然の蚕は病気になることもあり、品質の高い絹糸を計画的に得ることができません。そこで、絹のようなすぐれた性質を科学的につくりだす繊維の開発がすすめられていたのです。

　スフは、人絹の長い繊維を短く切ったもので、綿や毛の繊維の代わりに使用されました。第一次世界大戦中に、ドイツで開発されたものです。綿や毛からつくられる糸は、もともと長い繊維の絹とは違って、数cmほどの短い繊維をより合わせて長い糸をつくります。戦時中、綿や毛などの繊維材料が不足してくると、政府は毛100％や綿100％の生地をつくることを禁じ、スフを2～3割まぜて糸や生地をつくるよう規制しました。しかし、スフを使った生地は耐久性がなく、洗濯するとすぐにボロボロになってしまう欠点があり、人びとにあまり歓迎されませんでした。このころの学生服の生地も、スフがはいった布が使用されています。

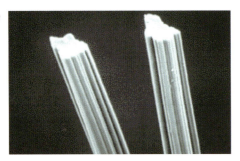
レーヨン

絹

綿

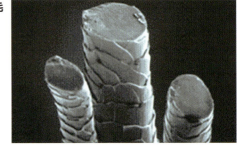
毛

●顕微鏡で見た繊維のかたち（日本化学繊維協会ホームページ「化学せんいのかたち」　協力：日本化学繊維協会）

3 衣服を買うための切符

　物資がますます不足してくると、なるべく多くの人びとに平等に品物が行きとどくように、食べ物や衣服は配給制となります。たとえ、お金をたくさんもっていても、決められた数や量以上にものを手にいれることができなくなったのです。

　昭和17年（1942年）には衣料切符制がしかれ、衣服を手に入れるには品目ごとに決められた点数の切符が必要になりました。しかも、一人が1年に使用できる点数が限られます。切符制がはじまったころは、都市部に住む人びとが100点、郊外に住む人びとが80点までと決められましたが、次の年から一人が使用できる点数がどんどん減らされていきます。それほど戦況が悪化して、ものがなくなってきたという証拠です。

　昭和17年（1942年）の各衣服の点数は、表2のとおりです（43ページ）。ぜいたく品とみなされた背広や外套、裏のついた袷のきものなどは点数が高く、日常品の足袋や靴下、手ぬぐい、タオル、縫い糸などは点数が低くなっています。また、足袋・靴下、手ぬぐい・タオル、縫い糸などは購入できる数が決められており、点数が低くても一人がたくさん手に入れることはできない仕組みになっていました。

　このように、戦時中には生活のこまかなところまで制限され、ものの不足したなかでの暮らしが続きました。衣料切符はあっても、購入できる品物がないこともあったようです。昭和20年（1945年）8月に終戦を迎えたあとも、食べるものや着るものに困る生活が続き、この衣料切符制は戦後もしばらく続いていきます。

ひらいてみよう

●衣料切符（表紙）
（有効期間：昭和19年4月1日〜昭和21年3月31日　愛知県豊橋市役所交付　個人蔵）

41

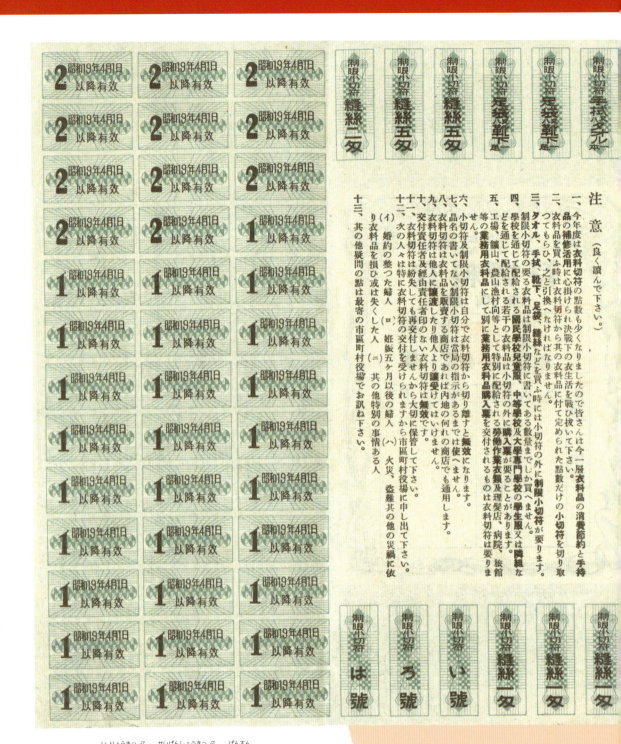

● 50点分の衣料切符と制限小切符（原寸）
（個人蔵）

◇表2　衣料品の種類と点数

ぜいたく品

品目	点数
二重廻し	50点
袷（裏つきのきもの・冬向き）	48点
女性用外套	40点
学生用外套	40点
袷羽織（裏つきの和装外套）	34点
丸帯、袋帯（正装用）	30点
婚礼用ドレス	30点
レインコート	30点
男性用背広	25点
単衣（裏なしのきもの・夏向き）	24点
単衣羽織（裏なしの和装外套）	24点
袴	24点
セーター	20点
国民服上衣	20点
パジャマ、バスローブ	20点
男性用ズボン	15点
女性用上着	15点
国民服ズボン	12点
女性用スカート	12点
国民服中衣	10点
男性用チョッキ	10点

日常品

学校制服（男女）	17点
名古屋帯	15点
女性用ワンピース	15点
長袖シャツ	12点
海水着	12点
子ども服	12点
もんぺ	10点
女性用ブラウス	8点
半袖シャツ	6点
手袋	5点
猿股、褌（男性用下着）	4点
ズロース（女性用下着）	4点
タオル、手ぬぐい	3点
前掛け、エプロン	2点
足袋	2点
靴下	2点
ハンカチ	1点
縫い糸（10匁まで）	1点

● 右：国民服と背広の点数
　左：女性のきものの点数
（『国民服』2巻3号　昭和17年3月　お茶の水女子大学ジェンダー研究所蔵）

VI 手作りから既製服の購入へ

1 洋裁ブームの到来

　現在のように、ほとんどの人びとが洋服を着るようになったのは、第二次世界大戦後の昭和20年代から50年代にかけてです。田舎のおじいさん、おばあさんまでもが洋服を着るようになっていきます。

　終戦直後、人びとは着るものを新しく手に入れることができず、ありあわせの衣服で暮らしました。これからの衣服や衣生活を考えたとき、人びとはまたもとの和服にもどることよりも、戦争中に経験した国民服やもんぺなどの活動的な衣服や、アメリカの占領軍を通して知った豊かな洋服文化を選択し、目標とします。当時は生地がないため、わずかに残った和服をほどいて洋服をつくりました。それらは「更生服」とよばれました。

　しかし洋服をつくるためには、デザインやミシンの使い方を学ばなければなりません。家事をまかされていた女性たちは家族の洋服をつくるため、あるいは戦争で夫を亡くした女性は、洋裁を職業として生計をたてる

●軍隊毛布でつくった女児用オーバー（昭和のくらし博物館蔵）

●絣のきものからつくった女性用ブラウス（昭和のくらし博物館蔵）

●1枚の浴衣からつくった親子3人のワンピース（昭和24年）
（提供：能登屋良子氏）

ため、洋裁学校へかよいはじめます。東京には、戦前から文化服装学院とドレスメーカー女学院という洋裁学校があり、戦後すぐに学校を再開し、多くの生徒を集めました。洋裁教育のニーズは全国にひろがり、昭和23年（1948年）には全国に689校、昭和27年（1952年）には6748校の洋裁学校ができました。学校の数はわずか4年で10倍にふくれあがり、昭和35年（1960年）ころには、洋裁学校で学ぶ生徒数は50万人を超え、洋裁は女性が身につけるべき教養となっていきます。既製服が登場するまで、洋服は各家庭のおもに女性たちによって手づくりされました。またこうした洋裁ブームにともなって、各家庭にミシンが普及します。戦前はアメリカのシンガーミシンが日本に輸入されましたが、戦後は日本の各メーカーが国産ミシンを開発・製造していきます。洋裁ブームによるミシンの需要にこたえるため、戦時中は兵器を製造していたメーカーがミシン製造に転業し、やがて世界一のミシン輸出国となるほど、多くの国産ミシンが製造されました。

●洋裁学校の実習のようす（昭和28年）
（毎日フォトバンク）

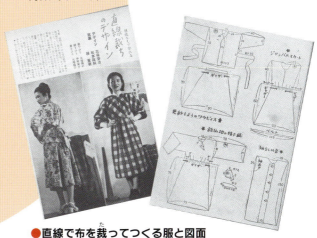

●直線で布を裁ってつくる服と図面
（『暮しの手帖』第1世紀1号、6ページ、87ページ　提供：暮しの手帖社）

●明治時代から大正時代に輸入されたシンガー家庭用足踏みミシン
（エリザベスポート工場1900年製造　提供：株式会社ハッピージャパン）

●一般家庭に向けて創刊された『暮しの手帖』
（第1世紀1号表紙 昭和23年9月刊　提供：暮しの手帖社）

2 世界から伝わる最新の流行情報と日本人デザイナーの活躍

　戦後、フランスのパリから最新の流行情報が届けられるようになりました。1947年にクリスチャン・ディオールが発表したニュールックは世界的な注目を集め、翌年には日本にも伝わってきます。まだ着るものが不足していた時代に、たっぷりの布地を使ったロング・スカートをはじめ、パリから伝わってくる最新のファッションに、人びとはあこがれました。昭和28年（1953年）には、ディオールの関係者たちが来日し、この年に発表した作品のファッションショーを開催しました。

　パリから伝わる最新のファッションは、日本のデザイナーによって、日本人の体型に合うよう調整されながら、ファッションショーや洋裁雑誌をとおして伝えられていきました。フランス人と日本人では体型が異なるため、同じデザインの洋服でも、体型に合わせて少しかたちを変える必要があったのです。このような調整はとても専門的な知識や技術が必要で、洋服のつくりかたをよく知っているデザイナーが担当しました。

　デザイナーというと、自分の名前のついたブランドをつくり、毎年新しい作品を発表し

●クリスチャン・ディオールの「ニュールック」
（1947年）（The Granger Collection/amanaimages）

ている人というイメージがあるかもしれません。そうしたデザイナーが登場するのはもう少し後のことになります。この時代のデザイナーたちはパリ・モードを伝えたり、洋裁学校で洋服づくりを教えたりしながら、日本に洋服を広めていく先生の役割を果たしました。杉野芳子、田中千代、伊東茂平などは、戦前から洋裁にかかわり、学校や雑誌などをつくり、戦後の洋裁ブームを支えます。こうしたデザイナーの先生に洋裁を教わった女性たちは、雑誌に掲載された洋服のつくりかたを参考に、自分たちの手で流行の洋服をつくり、着ていたのです。

やがて、海外で活躍する日本人デザイナーも出てきます。戦後の洋裁学校で洋服づくりを学んだ森英恵は、昭和40年（1965年）に日本人デザイナーとして初めてアメリカ・ニューヨークでファッションショーを開催しました。このとき、日本の伝統的な文様や染織技術を生かした布地を使い、手縫いで丁寧に仕上げた作品を発表しました。日本の美や技を世界に知ってもらいたいという思いがあったからです。森英恵のドレスはアメリカの高級百貨店で販売され、なかでも自宅で客をもてなすときに女性が着る「ホステス・ガウン」が人気となりました。写真は代表作の

●クリスチャン・ディオールのファッションショーに見入る観客
（昭和28年11月28日撮影　東京会館　毎日フォトバンク）

47

一つで、アメリカのファッション雑誌でも紹介されました。アメリカで成功を収めた森英恵はパリに進出し、さらなる活躍をとげていきます。

1970年代になると高田賢三、三宅一生、山本寛斎、1980年代には川久保玲、山本耀司などの日本人デザイナーが登場し、さまざまな作品を発表していきます。ここで紹介する三宅一生は、新しい服づくりのアイデアを次つぎに生みだし続けているデザイナーの一人です。写真は昭和51年（1976年）に発表された「一枚の布」です。平面的な布が着る人の身体や動きに合わせ、かたちや表情を変える衣服となります。一枚の布がどんなかたちを生みだすのか、驚きと発見に満ちています。ただ衣服のかたちが面白いだけではありません。どうしたらゴミを減らせるか、どうしたら途絶えそうなものづくりの技を活かせるか、さまざま問題を考えながらデザインの可能性が追求されています。平成22年（2010年）に発表された「132 5. ISSEY MIYAKE」は、再生ポリエステルから糸をつくり、日本各地の染めや織りの技術を活かした素材づくりに取り組んでいます。できあがった布は複雑に折りたたまれ、人が着ると平面から立体へと変化します。

このように日本人デザイナーは、日本の文化や技術も取り入れながら、新しい衣服のデザインを世界に発信しています。

●森英恵「ホステス・ガウン『菊のパジャマ・ドレス』」
（昭和41年　島根県立石見美術館蔵）

●三宅一生「一枚の布ニット」
（昭和51年　撮影：横須賀功光　着る人：山口小夜子
提供：公益財団法人三宅一生デザイン文化財団）

●三宅一生「132 5. ISSEY MIYAKE NO.1」
（平成22年　撮影：岩崎寛
提供：公益財団法人三宅一生デザイン文化財団）

49

3 便利な化学繊維

　私たちの身のまわりにある衣服には、どんな素材が使われているでしょうか。衣服の内側についているタグをみると、「レーヨン47％、綿27％、アクリル26％」などと表示されています。このうち、綿は自然から採れる天然繊維、レーヨンやアクリルは人工的に製造される化学繊維と大きく二つに分けることができます。

　日本では、麻と絹がとても古い時代から使用され、江戸時代になって綿が庶民の衣服として普及していきます。羊など動物の毛でつくられたおりものは、明治時代以降、日本人が洋服を着るようになってから広まっていきます。このように天然繊維が古くから使用されていたのに対し、化学繊維は科学技術の発達により新しく発明され、衣服の素材として使用されていきます。日本では、戦前には人造絹糸（レーヨン）とスフが生産されましたが（40ページ）、戦後の昭和20～30年代（1945～60年）にかけて、ナイロン、アクリル、ポリエステルが加わります。

　このころ、ナイロンを使って、靴下やストッキングがつくられました。もともとアメリカで開発された技術・商品でしたが、日本のメーカーでも製造・販売していきます。それまでの靴下やストッキングは穴がよくあきましたが、丈夫なナイロンを使用することで、靴下つくろいの悩みから解放されました。アクリルは羊毛に似た性質をもつ化学繊維で、セーターや冬用肌着などに用いられました。ポリエステルは強くてしわになりにくい性質をもつうえ、製造にかかるコストが低く、さまざまな用途に用いられています。このように化学繊維は、天然繊維にはない性質をもち、私たちの暮らしを便利にしました。

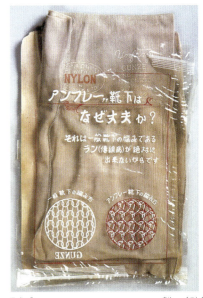

●補強のためにナイロンを使った絹の靴下
（「アンフレー靴下 昭和27年」 提供：グンゼ株式会社）

●百貨店の靴下売り場（昭和35年ころ）
（提供：グンゼ株式会社）

4 既製服の浸透

　現在のように、すでにできあがったもの（既製服）をお店で選んで買う仕組みが当たり前になったのは、昭和30年代後半（1960年〜）以降のことです。それまで洋服は家庭で手づくりするか、洋装専門店で仕立ててもらうしかありませんでした。既製服がつくられるためには、サイズが決められていなければなりません。なぜなら、背の高い人／低い人、やせた人／太った人がいるからです。小さいものから大きいものまで、何段階のサイズを設定すればよいか。そのためには、日本人の体型の調査をする必要がありました。はじめは既製服を販売するデパートがサイズづくりに乗り出しましたが、やがて国の機関がかかわって、日本人の体格調査にもとづいたサイズが示されていきます。

　既製服のサイズが決められていくとともに、既製服を製造・販売する会社が多く設立され、性別や年齢、さまざまな消費者に向けて商品がつくられていきます。これらの産業は昭和40年代後半ころから、アパレル産業とよばれるようになりました。ひとつのものを大量生産するのではなく、たくさんの種類を少しずつつくる多品種少量生産です。人びとはたくさんある既製服のなかから、気にいったものを選び、組み合わせ、個性をあらわします。またファッション情報を扱う雑誌も、洋服のつくりかたを掲載していたものから、既製服を買うために必要な情報の掲載へと転換していきます。今では年代別やファッションの趣向別などさまざまな種類が刊行されています。

●既製服の共通サイズを発表するデパートの広告
（朝日新聞　昭和39年3月10日　協力：株式会社三越伊勢丹ホールディングス　株式会社そごう・西武　株式会社髙島屋）

●『an・an』創刊号（表紙）
（昭和45年3月刊　提供：株式会社マガジンハウス）

5 グローバル化と伝統・アイデンティティ

　新しい技術やサービスは、私たちの暮らしを便利で快適なものにしてくれます。とくにインターネットの普及により、世界中のできごとをすぐに知ることができます。ファッション情報についても、高級ブランドのコレクションからストリートファッションの流行まで、何でも情報収集できるようになりました。また家にいながらにして、商品を購入することもできます。お店にでむかなくても、ホームページの写真をみて、色とサイズを選択すれば、衣服を買うことができるのです。

　またファストファッションとよばれる、低価格で商品を販売するお店も増えてきました。工場を発展途上国などにおき、安い労働力をつかうことで製造コストをさげています。低価格の背景には、はたらく人たちの劣悪な労働環境や低賃金、環境汚染などの問題があることを忘れてはいけません。

　そうした途上国の労働環境を改善するために、生産物・製品の公正な取引を促す「フェアトレード」という取り組みが提唱されています。フェアトレードとは、労働に対し正当な代価を支払うことで、低賃金労働を強いられる途上国の人びとの健康や安全に配慮し、貧困問題や環境汚染をくいとめ、作り手やその家族、買い手まですべての人びとが豊かで幸せな暮らしを維持・継続することが目指されています。

●バングラデシュの縫製工場のようす
（2015年撮影　旅人／PIXTA）

●伝統的な手作業で布を織る女性
（バングラデシュ）
（提供：ピープルツリー　http://www.peopletree.co.jp）

●人にも環境にもやさしい染料で糸を染める
（バングラデシュ）
（提供：ピープルツリー　http://www.peopletree.co.jp）

● 昭和39年の東京オリンピックでの表彰式
（マラソンの円谷幸吉、銅メダルを受賞　©朝日新聞社／amanaimages）

● 七五三 （PIXTA）

　このように、現代のファッションは世界とつながっています。明治時代に取り入れた洋服は、いまや日本人の日常的な衣服となり、同時に世界中の人びとの衣服ともなりました。こうしたグローバル化がすすむ一方で、日本らしさや伝統を残していこうとする動きもでてきます。私たちは普段は洋服を着ますが、七五三、成人式、卒業式、結婚式など、人生の節目となる行事で和服を着たりします。またオリンピックなど国際的なイベントがおこなわれるときにも、伝統的な衣服として和服を着ることがあります。世界とのつながりのなかで、自分らしさ（アイデンティティ）を見つけ出したいという欲求を私たちはもっているのです。しかし、その和服も昔のあり方そのままに引き継がれるのではなく、新しい技術や時代の要請を受けて、絶えず変化をつづけています。私たちはこれからも、長い時間をかけて育まれてきた文化を継承しながら、新しい服装を創造しつづけていくでしょう。

　私たちは流行の変化に合わせて、さまざまな種類の衣服を数多く所有することができるようになりました。その反面、増えつづける衣服をどのように管理・処分するかという問題にも直面しています。不要になった衣服をインターネットで売買するオークションサイトや、不要な衣服をもたないためのレンタルサービスも提供されるようになりました。しかし、こうしたサービスの充実だけでは、解決策とはいえません。限りある資源や労働のあり方といった現代社会の問題から、現在の私たちの生活を見直していくことが今後ますます必要になってくるでしょう。

53

●監修者略歴

増田美子（ますだ・よしこ）

1944 年生まれ。岡山県出身。お茶の水女子大学大学院修士課程修了。学習院女子大学名誉教授、国際服飾学会前会長。
主な著書に、『古代服飾の研究―縄文から奈良時代―』（源流社、1995 年）、『日本衣服史』（編著、吉川弘文館、2010 年）、『花嫁はなぜ顔を隠すのか』（編著、悠書館、2010 年）、『日本服飾史』（編著、東京堂出版、2013 年）、『図説日本服飾史事典』（編著、東京堂出版、2017 年）などがある。

●著者略歴

難波知子（なんば・ともこ）

1980 年生まれ。岡山県出身。お茶の水女子大学大学院博士後期課程修了、博士（学術）。お茶の水女子大学基幹研究院人文科学系准教授。
主な著書・論文に、『学校制服の文化史―日本近代における女子生徒服装の変遷』（創元社、2012 年）、『近代日本学校制服図録』（創元社、2016 年）、「近代日本における小学校児童服装の形成―岡山県公立小学校を中心に」（『国際服飾学会誌』48 号、2015 年）、「商標公報からみた児島の繊維産業史―足袋・腿帯子・学生服の商標を中心に」（『倉敷の歴史』26 号、2016 年）、「行田足袋の商標―明治から昭和初期における商標登録数の推移と商標モチーフの傾向」（『行田市郷土博物館研究報告』9 集、2018 年）などがある。

◎ 写真提供・協力（ページ掲載順、敬称略）

国立国会図書館／株式会社トンボ（トンボ学生服）／警視庁・警察博物館／宮内庁／東京都立中央図書館／お茶の水女子大学歴史資料館／聖徳記念絵画館／博物館明治村／影山智洋／文化学園服飾博物館／一般社団法人日本建築学会図書館／株式会社岩波書店／一関市博物館／古賀令子／株式会社青弓社／学習院アーカイブズ／学習院大学史料館／東京大学文書館／きものトコモノ／日本被服株式会社／長崎大学附属図書館／毎日フォトバンク／宮城県仙台二華高等学校／三菱地所株式会社／お茶の水女子大学ジェンダー研究所／日本化学繊維協会／能登屋良子／昭和の暮らし博物館／株式会社ハッピージャパン／株式会社暮しの手帖社／amanaimages／有限会社森英恵事務所／島根県立石見美術館／株式会社三宅デザイン事務所／公益財団法人三宅一生デザイン文化財団／横須賀安理（横須賀功光）／株式会社オフィスマイティー（山口小夜子）／STASH（岩崎寛）／グンゼ株式会社／株式会社三越伊勢丹ホールディングス／株式会社そごう・西武／株式会社髙島屋／『an・an』編集部・株式会社マガジンハウス／旅人／PIXTA／ピープルツリー／株式会社朝日新聞社

ビジュアル
日本の服装の歴史　③明治時代～現代

2018 年 7 月 31 日　初版 1 刷発行
2020 年 3 月 6 日　初版 2 刷発行

監　修　増田美子

著　者　難波知子

発行者　鈴木一行

発行所　株式会社 ゆまに書房

　　　　東京都千代田区内神田 2-7-6
　　　　郵便番号　101-0047
　　　　電話　03-5296-0491（代表）

印刷・製本　株式会社 シナノ

本文デザイン　高嶋良枝

©Tomoko Namba 2018　Printed in Japan

ISBN978-4-8433-5220-5 C0639

落丁・乱丁本はお取替えします。

定価はカバーに表示してあります。